RESILIENZ ENTWICKELN

Methoden zum Meistern von schwierigen Situationen

Für die Arbeitswelt   50MINUTEN.de

RESILIENZ ENTWICKELN

Methoden zum Meistern von schwierigen Situationen

Verfasst von Nicolas Martin
Übersetzt von Leonie Kremer

Für die Arbeitswelt 50MINUTEN.de

RESILIENZ ENTWICKELN

- Ziel: Resilienz aufbauen und stärken
- Anwendung: Obwohl es manchmal unmöglich erscheint, schwierige Situationen durchzustehen, hat jeder Mensch – bis zu einem gewissen Grad – die Kraft weiterzumachen und glücklich zu sein. Da Rückschläge im Leben unausweichlich sind, sollte man gleich anzufangen zu lernen, wie man diese Kraft nutzt und Resilienz entwickelt.
- Arbeitskontext: Teamarbeit, Stressmanagement, Selbstmanagement, Persönlichkeitsentwicklung
- FAQ:
  - Worin unterscheidet sich Resilienz von Coping oder Empowerment?
  - Welches sind die Hauptmechanismen des Resilienzprozesses?
  - Wie kann ich mein Umfeld um Hilfe bitten, ohne dass ich ihm zur Last falle?
  - Ist Resilienz angeboren oder kann man es lernen?
  - Kann ich mein Leiden komplett heilen?
  - Hat eine resiliente Person bessere berufliche Chancen?

„Was dich nicht umbringt, macht dich nur stärker" bestätigt auch der französische Psychiater und Psychoanalytiker Boris Cyrulnik (geboren 1937). Er ist einer von wenigen Experten, die sich mit dem Resilienzkonzept befassen.

Jeder Mensch hat wahrscheinlich eine angeborene Veranlagung, wie er mit schwierigen Situationen in seinem Leben umgeht. Dies zeigt sich von Person zu Person in unterschiedlicher Weise, denn jeder leidet anders. Der Verlust eines nahestehenden Menschen, ein Angriff, Krieg, eine Naturkatastrophe, lange Arbeitslosigkeit, eine Trennung oder einen Streit: Da jeder Mensch einzigartig ist, kann man nicht sagen, dass das eine oder andere Leiden schlimmer ist. So fällt es manchen leichter, einen körperlichen Angriff zu verarbeiten als beispielsweise eine Trennung. Das, was alle Menschen aber gemeinsam haben, ist der resultierende Schmerz.

Der Wunsch ein Leben ohne Rückschläge zu führen, ist utopisch, denn Leid – unabhängig seines Ursprungs – ist unvermeidbar. Aus diesem Grund ist es so entscheidend, mit Leid umgehen zu können, es zu kontrollieren zu lernen und letztendlich zu bezwingen. Was auch immer der Auslöser ist, jeder muss in sich selbst die Kraft finden, neu durchzustarten und mit seinem Leben weiterzumachen, da dieses Leben, sowohl privat als auch beruflich, weitergeht.

> Da Arbeit einen hohen Stellenwert in unserer Gesellschaft hat, ist es wichtig, den Resilienzprozess zu verstehen und zu wissen, wie man seine Fähigkeiten ausbauen kann. Nicht, weil Sie so weitermachen müssen, als wäre nichts passiert, sondern weil Sie es sich selbst schulden, immer wieder aufzustehen, egal mit was Sie im Leben konfrontiert werden. Geben Sie also nicht auf, sondern finden Sie in diesen Gedankengängen und Ratschlägen ein Vorgehen, das Sie sich aneignen, sodass Sie flexibler auf Schwierigkeiten reagieren können. Einige Herausforderungen erscheinen manchmal unüberwindbar; andere, die für Außenstehende traumatischer wirken, können leichter überkommen werden. Und genau das ist mir passiert. Ich konnte viel schlechter mit der schlechten Kritik über meine Arbeit umgehen, als mit einem körperlichen Angriff.
>
> Ich hatte das Pech, Opfer eines körperlichen Angriffs geworden zu sein, als ich eines Abends auf dem Nachhauseweg war. Ich nenne es

„Pech", weil ich weiß, dass ich zur falschen Zeit am falschen Ort gewesen bin. Weil ich niemanden hatte, der mit mir ins Krankenhaus gehen konnte, und es schon spät war, begleitete mich die Polizei bis in die Notaufnahme. In den darauffolgenden Tagen war ich dann allerdings von so vielen Leuten umgeben, wie ich es mir niemals hätte vorstellen können. Jede Menge Freunde und Verwandte haben mich besucht, weshalb ich umso mehr weinen wollte.

Ich war nach dem Vorfall nicht sonderlich traumatisiert. Ich dachte auch nicht wirklich darüber nach, vielleicht weil ich mich in meinem letzten Studienjahr befand und viel zu viel zu tun hatte. Ich erinnere mich daran, dass ich mir eingeredet habe, dass das irgendwann passieren musste, dass es jetzt passiert ist und normalerweise nicht nochmal vorkommt. Das hat mich irgendwie erleichtert und ich fand, dass ich in dem Moment gut reagiert habe. Ich war schon fast stolz auf mich, weil die Situation noch viel schlimmer hätte ausgehen können und ich viel Schlimmeres hätte erleben können.

Ich glaube, dass ich von Anfang an die richtige Einstellung hatte. Ich habe zwar auch eine Verdrängungssphase durchgemacht, aber vor allem habe ich das Problem aus verschiedenen Blickwinkeln und mit viel Humor betrachtet.

Ich glaube, dass es wichtig ist, jedes Ereignis, das

Leid auslöst, mit etwas Abstand zu betrachten. Aber das allein reicht nicht. Es ist ebenfalls wichtig, sich mit den richtigen Menschen zu umgeben und es dem Leiden nicht zu erlauben, einem das Lachen zu nehmen. Es ist natürlich klar, dass manches Leid anfangs wenig Raum für Lachen lässt, aber es sollte niemals ein Tabuthema werden, denn das behindert den Resilienzprozess. (Anonym)

RESILIENT WERDEN: DIE GRUNDLAGEN

RESILIENZKONZEPT UND ALLGEMEINES

Herkunft

Der Begriff „Resilienz" kommt ursprünglich aus der Physik, wo er besonders in der Werkstoffphysik gebraucht wird, zum Beispiel bei der Metallurgie. Dort bezeichnet es die Fähigkeit eines Metalls, größere Krafteinwirkungen ohne Schäden zu überstehen und nach einer Deformation wieder in seinen Ausgangszustand zurückzukehren.

Dieses interdisziplinäre Konzept wird auch in der Informatik, Biologie, im Gesundheitswesen, den Geisteswissenschaften (Psychologie, Soziologie etc.) und in der Medizin verwendet. All diese Felder haben das Konzept an ihre Bedürfnisse angepasst, die Essenz bleibt jedoch bestehen, sprich die Fähigkeit, nach einer Störung, in seinen Ursprungszustand zurückzukehren. Aus diesem

Grund wird der Begriff häufig missverständlich verwendet und Experten können sich nicht auf eine Definition einigen, die alle zufriedenstimmt.

In Europa wurde das Konzept zuerst in den 1990er Jahren im Bereich der Psychologie übernommen, vor allem von (Kinder- und Jugend-)Psychiatern. Einer der bekanntesten dieser Psychiater ist der Franzose Boris Cyrulnik. Sein 1999 veröffentlichtes Werk Un merveilleux malheur legte den Grundstein für die mediale Verbreitung des Resilienzkonzepts.

Obwohl das Thema schon seit einigen Jahrzehnten wissenschaftlich untersucht wird, ist das Konzept noch recht neu, und wurde erst ab den 2000er Jahren aktiv in der Psychologie angewendet.

Definition

Generell bedeutet das Wort „Resilienz" in allen Bereichen, die Fähigkeit, zurückzuspringen und große Krafteinwirkung unbeschadet zu überstehen. Die psychologische Definition lehnt sich an die von Manciaux, Vanistendael, Lecomte und Cyrulnik (2001) an, die besagt, dass eine Einzelperson oder eine Gruppe die Fähigkeit besitzt, trotz traumatisierender Erfahrungen oder schwieriger Lebensumstände, sich weiterzuentwickeln und wieder der Zukunft zuzuwenden.

In anderen Worten ist Resilienz die persönliche Fähigkeit, die jeder Mensch besitzt, um schwierige oder traumatische Begebenheiten zu überwinden, sein Leben weiterhin zu verwirklichen und auch in schlechten Zeiten Erfüllung finden zu können.

ZUSATZINFORMATION: RESILIENZ, EIN PROZESS

Es ist wichtig, Resilienz als einen Prozess zu betrachten. Auch wenn sie ursprünglich einen Zustand beschreibt und als Charaktereigenschaft oder als Ergebnis von mehreren Faktoren in unterschiedlichen Kontexten angesehen werden kann, spricht man in Bezug auf Einzelpersonen bei Resilienz generell von progressivem, nicht endgültigen Veränderungen. Da sich jeder im Laufe seines Lebens weiterentwickelt und jede Belastung anders ist, wird auch die Resilienzfähigkeit immer wieder vor neue Herausforderungen gestellt. All diese Entwicklungen stellen zusammen einen Prozess dar.

Ein besonders aktuelles Konzept

Die Bekanntheit, die Resilienz heute erfährt, kann mit der Hoffnungsbotschaft erklärt werden, die sie mit sich bringt. Der Resilienztheorie zufolge ist niemand dazu verurteilt, unglücklich zu sein, selbst diejenigen nicht, die ihr Leben unter schlimmsten Bedingungen führen. Es ist immer möglich, über sich hinauszuwachsen, nichts ist in Stein gemeißelt. Das Konzept von Schicksal wird also in Frage gestellt und in positiver und dynamischer Weise durch Resilienz ersetzt.

Resilienz findet besonderen Anklang aufgrund der Tendenz zum Individualismus in unserer Gesellschaft. Da das Individuum im Mittelpunkt steht, hat es größere Anforderungen an seine Selbstverwirklichung. Das führt aber auch dazu, dass jede Schwierigkeit im Leben eine richtige Hürde darstellt. Jedoch bedeutet das nicht, dass man jetzt mehr leidet als früher, sondern eher, dass man anders leidet und zusätzlich aufmerksamer seine Gefühle und seinen Umgang mit den Herausforderungen des Lebens beobachtet. Auf eine gewisse Weise sind die Menschen verletzlicher geworden, da sie sich mehr mit ihren Gefühlen auseinandersetzen.

Zudem ist es in einem sehr unbeständigen, sich wandelnden wirtschaftlichen, politischen und gesellschaftlichen Kontext noch wahrscheinlicher, dass ein Mensch nicht nur einen, sondern mehrere schwierige Abschnitte im Laufe seines Lebens durchläuft. Dennoch zeigen zahlreiche Beispiele, dass trotz der Schwierigkeiten, mit denen er konfrontiert wird, ein Mensch dank seiner Willenskraft, inneren Stärke und seiner Resilienzfähigkeit, wieder auf die Beine kommen kann. Aus diesem Grund ist es so wichtig, die Funktionsweise dieses Prozesses zu verstehen und zu lernen, wie man resistenter gegenüber den Herausforderungen des Alltags wird.

DIE MECHANISMEN UND DEN PROZESS VERSTEHEN

Resilienzfaktoren

Viele Studien mit unterschiedlichen Menschen, die schwierige oder traumatische Situationen durchlebt haben (Krieg, Armut, Krankheit) haben dabei geholfen, verschiedene Kategorien von Ressourcen aufzustellen, die Resilienz von Individuen, Familien, Gemeinschaften oder

Gesellschaften begünstigen. Man unterscheidet zwischen vier großen Ebenen:

- individuelle Resilienz (Ressourcen in der Persönlichkeit)
- familiäre Resilienz (Ressourcen aus familiären Beziehungen)
- gemeinschaftliche Resilienz (Ressourcen aus der Gemeinschaft)
- soziale oder gesellschaftliche Ressourcen (Ressourcen werden in der Gesellschaft gefunden)

ACHTUNG!

Einige Ansätze fassen die gemeinschaftliche Resilienz und die soziale bzw. gesellschaftliche auf der gleichen Ebene zusammen und ziehen also eine Klassifizierung in drei große Kategorien vor.

Damit Sie sich eine Vorstellung von den Ressourcen machen können, die Sie umgeben, ist hier eine detailliertere Darstellung einiger Faktoren, die Resilienz vereinfachen.

Resilienzfaktoren

Individuelle Resilienzfaktoren	• Intelligenz • Kompetenzen • ausgeglichenes Temperament • Flexibilität • Sinn für Humor • Selbstwertgefühl • Reife • Bildung • Selbstreflexion • Geschlecht und Alter • Gefühl von Nützlichkeit • Fähigkeit, Zukunftspläne zu machen • Identitätsgefühl • spirituelle Orientierung • Selbstkontrolle • Problemlösungsstrategien • Unabhängigkeit • Fähigkeit, eine schwierige Situation mit etwas Abstand zu betrachten • Sozialkompetenz • Empathie • Selbstlosigkeit • Kontaktfreudigkeit und Beliebtheit • eine positive Beziehung mit einem Erwachsenem
Familiäre Resilienzfaktoren	• Alter der Eltern • Anzahl der Kinder (unter 5 Jahre) • Altersabstand • Ausreichender Platz • Unterstützung und Zuneigung • Spiritualität und Ideologie • Disziplin • Gerechtigkeit innerhalb der Familie • Möglichkeiten für Beteiligung • Qualität der Kommunikation • warmherzige und positive Interaktionen • Kind wird als Ressource mit einer Zukunft angesehen • Fähigkeit mit Unerwartetem umzugehen • Konfliktlösungsstrategien • gemeinsame Werte • stabile finanzielle Situation • keine Besitzgier • keine Trennung im jungen Alter • Anwesenheit einer Vaterfigur

Gemeinschaftliche Resilienzfaktoren	• Gleichgesinnte • soziale Gemeinschaft: Schule, Nachbarschaft, Vereine etc. • religiöse oder ideologische Gemeinschaft • Solidarität • hohe Erwartungen • Möglichkeit, sich einzubringen • Werte, wie Hilfsbereitschaft und Toleranz • unterschiedliche Unterstützung und soziales Netz • hohe Gesundheits-, Bildungs-, Unterkunfts-, Betreuungs-, Transport-, und Freizeitstandards
Soziale oder gesellschaftliche Resilienzfaktoren	• Werte, wie Hilfsbereitschaft und Toleranz • hohe Erwartungen • Möglichkeiten • gesellschaftliche und politische Maßnahmen gegen Armut • strenge Waffengesetze • strenge Gesetze bezüglich Drogen und Alkohol • Botschaften gegen Gewalt werden in den sozialen Medien geteilt • Gesellschaft und Kultur • niedrige Arbeitslosigkeitsquote • niedrige Kriminalitätsrate

TIPP

Es wird empfohlen, auf seine eigene Art und in regelmäßigen Abständen, eine Bestandsaufnahme seiner Faktoren zu machen, um sich darüber bewusst zu werden, über welche den Resilienzprozess begünstigenden Faktoren man verfügt.

Im Folgenden wird hauptsächlich die erste Kategorie analysiert, da diese von einer Einzelperson bewusst beeinflusst werden kann, vor allem im beruflichen Kontext. Dazu kann die Einteilung vereinfacht werden, indem die Faktoren zur Bewertung der Resilienzfähigkeit auf sieben reduziert werden. Diese sind alle mit der Persönlichkeit verbunden, gleichzeitig spielt aber das familiäre und gemeinschaftliche Umfeld eine große Rolle für ihre Entwicklung:

- Scharfsinn
- Unabhängigkeit
- Sozialkompetenz
- Initiative
- Kreativität
- Humor
- Moral

Über je mehr dieser Eigenschaften eine Person verfügt, desto leichter kann sie sich nach einem großen Schock erholen, weshalb diese Faktoren als Indikatoren für Resilienz dienen. Nichtsdestotrotz muss man bei der Bewertung vorsichtig sein, denn bestimmte Faktoren können den Resilienzprozess trotz allem ausbremsen, wie die Intensität des Traumas, die Plötzlichkeit des Vorfalls, der mentale Gesundheitszustand vor dem Ereignis oder auch fehlende soziale, berufliche oder kulturelle Beziehungen.

Resilienzmechanismen

Resilienz gehört zur Strömung der „positiven Psychologie" und ist ein dynamischer Prozess, durch den eine Person oder eine Gruppe, die ein Trauma erlitten hat, ihr Leben wiederaufbauen und es zufrieden weiterführen kann. Dabei sollte der Aspekt der Weiterentwicklung bei diesem dynamischen Prozess nicht vergessen werden, da Resilienz nicht einmalig erlernt werden kann und dann für immer besteht. Während viele Experten auf diesem Feld der Ansicht sind, dass sie sich im Laufe der Kindheit ausbildet, bleibt sie eine fundamentale Fähigkeit, die jeder Mensch besitzt und weiterentwickeln kann. Jeder ist in der Lage, seine Realität zu ändern, vorausgesetzt, er kann aus sich und seinem Umfeld das schöpfen, was er für den Beginn des Prozesses und die Stärkung seiner Resilienzfähigkeit benötigt.

Boris Cyrulnik nennt acht Mechanismen, mithilfe derer man sich nach einem Schock erholen kann:

- Selbstschutz
- Ausgeglichenheit angesichts Spannungen
- Kampfwille: sich nicht unterkriegen lassen, dem Leid die Stirn bieten

- Neustart: beschließen, nicht mehr unter einer schmerzhaften Vergangenheit zu leiden, sondern sein Leben selbst in die Hand zu nehmen
- Bewertung: sich dem Trauma bewusst werden
- Sinnstiftung: der Herausforderung einen Sinn geben
- Positivität
- Kreativität: die Perspektive ändern, etwas Neues und Stärkeres aufbauen

Jeder dieser acht Mechanismen führt zu mehr Resilienz. Abhängig von persönlichen Erfahrungen und angeborenen Vorlieben, wird man sich eher für den einen als den anderen Weg entscheiden. Zum Beispiel wird eine Person, die von ihren Eltern vernachlässigt wurde, Anzeichen von Selbstschutz zeigen. Eine positive Person wiederum könnte sich nach einem großen emotionalen Scheitern auf ihre Positivität stützen, um diese Enttäuschung zu überstehen, oder vielleicht mit ihrem Kampfwillen einen Neuanfang wagen.

Im Beruf gibt es keinen Mechanismus, der besser als ein anderer funktioniert. Aber es ist wichtig, sie alle zu kennen, denn allein das Bewusstmachen ermöglicht seine Resilienz weiter auszubauen. Die verschiedenen Optionen können ebenfalls gleichzeitig oder nacheinander ausprobiert werden, um ein Hindernis zu überwinden.

RESILIENZ ENTWICKELN

In einer schwierigen Situation besteht also der erste Schritt für die Stärkung seiner Resilienz darin, die Resilienzfaktoren, -mechanismen und -prozesse zu verstehen.

Stefan Vanistendael (geboren 1951), Soziologe, Demograph und stellvertretender Generalsekretär des Internationalen Katholischen Kinderbüros, wo er für Forschung und Entwicklung zuständig ist, betont, dass zwei weitere Elemente für das Entwickeln von Resilienz von Bedeutung sind: zwischenmenschliche Beziehungen und Sinn. Im Folgenden werden ein paar Methoden zu diesen beiden Elementen vorgestellt, die Sie ausprobieren können, um Ihre Resilienz zu verbessern.

Knüpfen Sie soziale Kontakte

Die Beziehungen, die Sie mit Ihrem Umfeld haben, Familie und Freunde, sind sehr wichtig. Die Unterstützung von Ihnen nahestehenden

Personen kann sich als ausschlaggebend herausstellen. Aber denken Sie noch weiter. Einige berufliche Beziehungen, Bekanntschaften oder Personen, die Sie kennen, aber nicht so oft sehen, können für Sie ebenfalls eine Stütze sein, auch wenn Sie in diesem Zusammenhang vielleicht nicht auf Anhieb an sie denken. Verbringen Sie bei Gelegenheit auch Zeit mit diesen Menschen. Sie werden Ihrem Bauchgefühl vertrauen müssen, um herauszufinden, wer Sie in einer schwierigen Situation unterstützen könnte.

Nehmen Sie sich regelmäßig Zeit für sich selbst

Sich Unterstützung bei seinem Umfeld zu suchen, bedeutet nicht gleichzeitig, sich ausschließlich und exklusiv auf diese Personen zu stützen. In schwierigen Zeiten ist es von größter Bedeutung, in sich hinein zu horchen und auf seine Bedürfnisse zu hören, wie beispielsweise etwas bestimmtes zu essen, einen Serienabend zu verbringen, Sport zu treiben, sich mit einem Buch oder Musik zurückziehen etc. Jeder Mensch hat etwas, das seiner Seele guttut. Finden Sie heraus, was Ihnen Freude bereitet und wobei Sie

Energie tanken. Entspannungsübungen haben unbestreitbare Vorteile, aber möglicherweise ziehen Sie etwas anderes vor, denn jeder entspannt auf seine Art und Weise.

Beobachten Sie sich selbst und analysieren Sie die Situation gründlich

Auch wenn es Ihnen erstmal unangenehm vorkommt, ist es oftmals nötig, alle (sowohl persönlichen als auch äußeren) Aspekte einer schwierigen Situation durchzugehen. Viele Menschen sind sich bereits zu Beginn einiger Elemente bewusst und allein das ist ein Schritt in die richtige Richtung, denn es bedeutet, dass der mentale Prozess bereits begonnen hat. Trotzdem sollte die Selbstanalyse bis zum Ende durchgeführt werden, um im vollen Wissen der Umstände Entscheidungen treffen zu können.

Seien Sie positiv und optimistisch

Es mag nur so dahergesagt klingen, aber man kann auf lange Zeit tatsächlich daran arbeiten, positiv und optimistisch zu denken und es sich sogar zu einer richtigen Lebenseinstellung machen. Menschen, die in Angst leben und dauernd auf der

Hut sind, verursachen mit dieser Einstellung die Ereignisse, die sie vermeiden wollen, und sehen sie als unabwendbares Schicksal. Optimismus und Positivität zu entwickeln, lässt sich täglich üben, sowohl bei kleinen Details als auch bei wichtigeren Aspekten. Werden Sie sich bewusst über das, was Sie denken und hinterfragen Sie, ob es pessimistische Gedanken sind – was zu Entmutigung, Abwertung seiner selbst oder Untätigkeit führt – mit dem Ziel, es in etwas Positives zu verwandeln.

Machen Sie Humor zu Ihrer Lebenseinstellung

Natürlich haben nicht alle Menschen den gleichen Humor, aber jeder lächelt und lacht gerne. Wenn man in einer ernsten oder schwierigen Situation fähig ist, zu lachen, ist der Prozess der Distanzierung schon weit fortgeschritten. Das kann nicht innerhalb eines Tages erreicht werden, doch was auch passiert, lassen Sie sich in einer schwierigen Zeit nicht Ihre Fähigkeit zu lachen und Witze zu machen nehmen. Humor ist ein wichtiges Hilfsmittel und ein extrem starker Resilienzfaktor, der Ihnen ermöglicht, die Dinge aus einem neuen Blickwinkel zu sehen und mit mehr Leichtigkeit zu betrachten. Passen Sie dennoch auf, Humor nicht ausschließlich als Ablenkung von Trauer zu nutzen und das Problem dadurch nicht tiefgreifender zu erkunden.

Achten Sie auf Ihre Ernährung

Studien haben gezeigt, dass es eine starke Verbindung zwischen Ernährung, körperlicher Verfassung und Stress gibt. Ein traumatisches Erlebnis oder eine schwierige Situation können an unseren körperlichen Kräften zehren. Wenn wir müde sind, neigen wir dazu, Sport und gesunde Ernährung zu vergessen, womit wir uns direkt in einem Teufelskreis befinden. Passen Sie auf diese Warnsignale auf; essen Sie gesund, machen Sie Sport und vor allem, achten Sie auf Ihren Schlafrhythmus.

Wenden Sie sich an Experten

Wenn man weitere Unterstützung benötigt, sollte man sich professionelle Hilfe suchen. Obwohl die eigenen Resilienzfähigkeiten für viele Situationen ausreichend sein mögen, können andere Depressionen oder Angstzustände auslösen. Während es manche dann schaffen aus eigener Kraft mit solchen Situationen fertigzuwerden, ist es für andere ratsam, einen Spezialisten aufzusuchen. Immer mehr Menschen nehmen diese Hilfe regelmäßig in Anspruch.

RESILIENZ ALS KOMPETENZ IM BERUF

Viele Unternehmen haben die Notwendigkeit erkannt, Resilienz auf Manager- und Angestelltenniveau zu entwickeln, da jeder vermutlich irgendwann mal Überstunden machen, ein wichtiges Projekt übernehmen oder sich in einem stressigen Arbeitsumfeld bewegen muss. Es ist daher nur logisch, dass die Forschung auf diesem Gebiet immer weiter fortschreitet. Unternehmen nehmen die neuen Erkenntnisse an und stellen Fortbildungen oder Hilfsmittel zur Verfügung, die bei dem Prozess hilfreich sind und durch die schwierige Situationen bei der Arbeit oder durch Arbeit verursachte schwierige Situationen vermieden werden können.

Resilienz ist in Unternehmen bzw. im Beruf gerade deshalb so wichtig, weil im heutigen Kontext weltweiten Hyperwettbewerbs, steigender Komplexität, andauernder Krisen und kontinuierlicher Veränderung Resilienzfähigkeiten an immer mehr Bedeutung gewinnen. Unternehmen sollten Mechanismen zur Verfügung gestellt werden, mit denen Angestellte Resilienz entwickeln können, weil einerseits die Anpassungsfähigkeit eines Unternehmens von der Anpassungsfähigkeit der Angestellten abhängig ist und andererseits der globale unbeständige Kontext Einzelpersonen darin einschränkt, organisatorische Änderungen zu antizipieren und sich ihnen anzupassen. Diese paradoxe Situation kann sich als Quelle von Schwierigkeiten im Beruf erweisen.

Persönliche Ebene

Der französische Experte für Resilienz innerhalb von Unternehmen, Gilles Teneau, hat vor allem den positiven Einfluss untersucht, den resiliente Menschen in ihren Unternehmen haben, indem sie den Stress ihrer Kollegen reduzieren. Sie werden „toxic handlers" genannt und können positive Energie verbreiten, aktiv zuhören, angespannte Beziehungen beruhigen und werden währenddessen nicht in die traditionellen Machtspiele der Arbeitswelt verwickelt. Man unterscheidet sie anhand verschiedener Merkmale:

- Fähigkeit, Gefühle anderer nachzuempfinden
- Fähigkeit, Ereignissen einen Sinn zu geben
- Fähigkeit, andere bedingungslos zu respektieren

Wenn man diese Menschen erkennt, kann man sich an ihnen orientieren. Diese Einzelpersonen, egal ob sie Resilienz nach einem schlimmen Ereignis oder einfach im Laufe der Jahre entwickelt haben, ermöglichen einem Team – und dadurch einem Unternehmen – die traditionelle Arbeitsorganisation zu verwerfen und sich den neuen Gegebenheiten anzupassen.

Auf Unternehmensebene

Auch Unternehmen haben ihrerseits eine Rolle zu erfüllen. Da resiliente Personen sehr leistungsfähig sind, profitieren Unternehmen davon und können auf unterschiedliche Weise die Resilienz ihrer Mitarbeiter fördern, auch bevor Probleme überhaupt auftreten. Der französische Psychotherapeut Jean-Christophe Barralis geht davon aus, dass der Austausch von Stärken und Erfolgen eines Teams zu mehr Kreativität, Zuversicht, Motivation und Engagement führt.

Konkret gesagt, kann die Entwicklung von Resilienz vom Unternehmen durch bestimmte Maßnahmen des Führungsteams oder Managements initiiert und unterstützt werden:

- Stärken und Eigenschaften der Mitarbeiter kennen und sich beim Managen auf diese Beobachtungen stützen
- auf Erfolge konzentrieren
- der Arbeit einen Sinn geben
- die Arbeitsbedingungen der Angestellten verstehen (Arbeitsbelastung)
- ein Vertrauensverhältnis schaffen
- Zusammenhalt, Zusammenarbeit, Hilfsbereitschaft und Großzügigkeit fördern
- Autonomie unterstützen
- die Verbreitung von positiver Energie vereinfachen
- Anstrengungen und Erfolge gleichermaßen anerkennen
- selbst als Beispiel dienen

Einige Unternehmen sind zu Vorreitern in Sachen Resilienz geworden. Sie stellen Programme, Fortbildungen oder Hilfsmittel bereit, um Resilienz auf allen Ebenen zu fördern, was erkennbare Auswirkungen auf die psychische Gesundheit und andere mit Arbeit verbundene Probleme hat, wie das häufige Fernbleiben vom Arbeitsplatz bzw. regelmäßige Krankschreibungen. Es kann nicht schaden, wenn Sie das, was andere Unternehmen leisten, mit Ihren Maßnahmen vergleichen und innerhalb Ihres Unternehmens besprechen. Es bringt nur Vorteile, die Resilienz in einem Unternehmen zu fördern!

HINDERNISSE UND RISIKEN

Resilienz ist ein nützliches Konzept für alle, die trotz der Schicksalsschläge, die das Leben bereit hält, nicht aufgeben wollen. Jedoch ist es nicht immer leicht, seine Resilienz zu entwickeln, stattdessen ist der Weg in Richtung eines ausgeglichenen, gesunden Lebens ist voller

Hindernisse. Sich diesen bewusst zu werden, sie zu identifizieren und zu antizipieren, verhindert einerseits, bereits angeeignete Fähigkeiten zu gefährden, und ermöglicht andererseits, noch einmal von einer neuen stabileren Basis anzufangen, da Resilienz darauf beruht, alle Aspekte der jeweiligen Situation zu verstehen. Welche Hindernisse können sich Ihnen also in den Weg stellen?

• Manchen fällt es schwer, sich mit ihrem Leid auseinanderzusetzen, weil die Realität schwierig zu akzeptieren ist oder das Trauma zu tief sitzt. Sie haben keinen Überblick über die verschiedenen Faktoren, die ihre Situation beeinflussen, verstehen nicht, wo ihr Leid herkommt, was in ihnen vorgeht etc. Dabei spricht man allerdings nicht von Verdrängung, da die betroffene Person trotz allem weiß, dass sie ein Problem hat und versucht es zu lösen, jedoch nicht über diesen Schritt hinauskommt. Boris Cyrulnik zufolge gestaltet sich der Heilungsprozess als unmöglich bzw. schwierig, wenn die Person ihr Trauma nicht überwinden kann, worunter ihre Resilienzfähigkeiten weiter leiden.

- Ein anderes nicht zu vernachlässigendes Risiko besteht darin, dass am Leiden festgehalten wird. Manche Menschen sind sich zwar bewusst, ein traumatisches Erlebnis gehabt zu haben, richten sich aber in ihrem Leiden ein, anstatt einen Heilungsprozess zu beginnen. Sie finden Gefallen an der Traurigkeit und wählen der Einfachheit wegen die Opferrolle, anstatt sich darum zu bemühen, wieder auf die Beine zu kommen.

- Allerdings bedeutet resilient zu sein nicht, immer stark zu sein und sich durch nichts erschüttern zu lassen, oder alles alleine, ohne Hilfe von anderen, regeln zu wollen, denn Einsamkeit ist der sicherste Weg, seine Resilienzfähigkeiten einzuschränken. Während es manchmal natürlich sinnvoll ist, sich in einer schwierigen Situation auf sich zu konzentrieren, riskiert man durch vollständige Isolierung, das bisschen Widerstandsfähigkeit zu verlieren, das man sich aufgebaut hat.

- Im Gegensatz dazu gibt es auch Menschen, die sich ausschließlich auf andere Personen stützen und so nicht dem persönlichen und individuellen Aspekt des Prozesses gerecht werden. Auch wenn es manchmal schwierig ist, ein Gleichgewicht zwischen diesen beiden Aspekten zu finden, sollte man sich dessen bewusst sein, vor allem, wenn man das Gefühl hat, noch nicht mal einen Tag lang alleine sein zu können. Das Umfeld stellt natürlich eine essentielle Stütze dar, aber es ist wichtig, seine Resilienz aus eigener Kraft und seiner selbst wegen zu entwickeln.

- Manchen erscheint das Verdrängen des Erlebten als sehr verlockend, da sie es für eine angemessenen Beginn des Verarbeitungsprozesses halten. Doch durch das Leugnen des Leidens an sich verhindert man, tatsächliche Resilienzfähigkeiten zu entwickeln.

In jedem Fall ist Flexibilität Ihr bester Freund. Mit Resilienz sind Sie auf jede Art von unvorhergesehenen Ereignissen vorbereitet. Dabei wird man wird nicht vom einen auf den anderen Tag resilient, sondern benutzt seine Fähigkeiten entsprechend der jeweiligen Situation. Wenn ein Kollege also Ihre Präsentation kritisiert, können Sie mit Humor reagieren; wenn Sie den Tod eines Familienmitglieds verarbeiten, werden Sie vielleicht Unterstützung bei Ihren Freunden suchen, die Sie trösten etc.

Resilienz ist weder definitiv noch starr. Es handelt sich daher um ein Gleichgewicht zwischen dem Umgang mit negativen Aspekten wie Leid und Trauma und der Fähigkeit, daraus eine Stärke zu machen, durch die man zufrieden weiterleben kann. Dieses Gleichgewicht ist allerdings empfindlich, da sich die aufeinanderfolgenden schwierigen Situationen nicht unbedingt ähneln. Deshalb ist es wichtig, sich und seine Resilienzmechanismen konstant anzupassen, selbst wenn man glaubt, so stark geworden zu sein, dass man allem standhalten kann. Es ist ein kontinuierlicher Prozess, ein Lebensstil und eine Denkart, die einem hilft, mit schwierigen Situationen umzugehen, indem man seine Fähigkeit nutzt, diese aus einem anderen Blickwinkel zu betrachten.

TOP TIPPS

- Pflegen Sie Ihre sozialen Kontakte. Ihr soziales Netz – Familie, Freunde und Bekanntschaften – spielt und wird auch in Zukunft immer eine große Rolle spielen. Diese Personen können Ihnen in schwierigen Momenten helfen und Sie unterstützen. Wenn Sie dieses Netzwerk vergrößern, erhöhen Sie die Wahrscheinlichkeit Halt zu finden, wenn Sie ihn benötigen. Gleichzeitig wird es sich für Sie ebenfalls positiv auswirken, wenn Sie anderen Menschen zuhören und ihnen Aufmerksamkeit schenken. Warum treten Sie also nicht zum Beispiel einem Verein oder einer Organisation bei?
- Reden Sie sich nicht ein, dass Krisenzeiten unüberwindbar sind. Sie können nicht verhindern, dass einige Sachen besonders schwierig zu durchleben oder stressig sind. Das, was Sie aber beeinflussen können, ist die Art, wie Sie Rückschläge interpretieren, um weniger passiv auf sie zu reagieren. Seien Sie positiv! Es ist wichtig, über die Situation hinauszublicken und sich angenehmere Situationen vorzustellen. Es

gibt keinen Grund, warum Sie dazu verdammt sein sollten, nie wieder glückliche Momente in Ihrem Leben erleben zu können.

- Akzeptieren Sie, dass Veränderung zum Leben dazu gehört. Alles ändert sich, auch Sie selbst. Das wichtigste ist, sich diesen Veränderungen anzupassen.
- Setzen Sie sich Ziele. Dabei sollten Sie nicht zu streng mit sich sein und diese um jeden Preis erreichen wollen. Mit kleinen Schritten und täglichen Erfolgserlebnissen werden Sie sich Ihrem Ziel nähern. Außerdem entwickelt sich so eine positive Dynamik, durch die Sie entschlossener und flexibler werden.
- Bleiben Sie Ihren Entscheidungen treu. Das Festhalten an Ihren Entscheidungen wird Ihnen helfen, gegen Schicksalsschläge anzugehen. Versuchen Sie dabei die Dinge zu ändern, auf die Sie Einfluss haben.
- Nutzen Sie diese Momente, um mehr über Ihre Persönlichkeit zu erfahren. Wenn man weiß, wie man sich in einer schwierigen Situation verhält, sieht man sich aus einem neuen Blickwinkel und kann noch resilienter werden. Krisenzeiten zu durchleben und diese zu überwinden, ermöglicht es einem, seine sozialen Beziehungen besser

zu managen, selbstbewusster zu werden, sich stärker zu fühlen – auch wenn man verletzlich bleibt –, sowie die verschiedenen Dinge im Leben mehr wertzuschätzen und zu genießen.

- Bewahren Sie sich ein positives Bild von sich selbst. Entwickeln Sie Vertrauen in Ihre Fähigkeiten zur Problemlösung. Im Laufe der Zeit beginnt jeder sich selbst zu kennen und zu wissen, wie er funktioniert. Versuchen Sie sich an die Methoden zu erinnern, die Ihnen in früheren kritischen Situationen bereits geholfen haben. So werden Sie das nächste Mal leichter angemessen reagieren.

- Behalten Sie den Überblick. Man tendiert häufig dazu, einigen Aspekten überproportional viel Bedeutung zuzuschreiben. Versuchen Sie, diese Elemente in einem größeren Kontext zu sehen, zu verstehen, was zu dieser Situation geführt haben könnte oder warum Sie so re agieren. Das Verstehen ist der Grundstein.

- Vertrauen Sie in die Zukunft und in das, was Sie Ihnen zu bieten hat, da Optimismus positive Ereignisse anzieht. Außerdem ist es viel konstruktiver, sich das vorzustellen, wonach Sie streben, anstatt immerzu an das zu denken, was Sie davon abhalten könnte.

- Akzeptieren Sie, wer Sie sind, Ihre Vergangenheit und Gegenwart. Akzeptieren Sie zudem, wie manche Dinge verlaufen sind und wie andere es noch tun werden, aber akzeptieren Sie genauso, dass Sie die Möglichkeit haben, einige Situationen zu beeinflussen und zu ändern. Manchmal kann es hilfreich sein, sich zu sagen: „Ok, das passt mir gar nicht, es ist ein Fakt, dass sich die negativen Ereignisse in letzter Zeit aneinanderreihen. Das verdirbt mir die Laune." Nehmen Sie das als Ausgangspunkt und denken Sie an alles, was Sie in Ihrem Leben bereits erreicht haben und womit Sie wieder auf Kurs kommen können und zeigen Sie Resilienz. Versuchen Sie herauszufinden, was Ihnen und Ihrer Situation weiterhelfen könnte. Dann werden Sie in der Lage sein, dieses Vorgehen erneut anzuwenden, auch wenn Sie es jedes Mal ein wenig anpassen müssen.

FAQ

WORIN UNTERSCHEIDET SICH RESILIENZ VON COPING ODER EMPOWERMENT?

Auch wenn die Definition von Resilienz nicht ganz unumstritten ist, kann sie von den Konzepten Coping und Empowerment abgegrenzt werden.

- Coping zielt darauf ab, die Fähigkeit einer Einzelperson zu stärken, ihre Ängste zu bewältigen und zu kontrollieren. Es handelt sich um die Gesamtheit der Anstrengungen, die ein Mensch unternimmt, um den Einfluss eines Ereignisses, das er als bedrohlich oder stressig wahrnimmt, zu bewältigen, tolerieren oder verringern, damit es ihm physisch wie auch psychisch wieder besser geht. Es geht also darum, zu lernen mit Widrigkeiten umzugehen, egal auf welche Art und Weise.
- Empowerment ist ein Prozess bzw. Ansatz, mit dem Einzelpersonen ermöglicht werden soll, mehr Handlungs- und Entscheidungsmacht

sowie mehr Einfluss auf ihr Umfeld und Leben zu erlangen. Das setzt voraus, dass jeder Mensch das notwendige Potenzial und die Ressourcen besitzt, seine Lebensbedingungen verbessern und zu mehr Selbstbestimmung gelangen zu können. Der Begriff hat keine deutsche Entsprechung, bedeutet aber so viel wie „Handlungsmacht" oder „Entwicklung der Handlungsmacht".

- Resilienz hat noch den zusätzlichen Aspekt, der Überwindung des Negativen, um so positiv weiterzuleben. Coping und Empowerment beinhalten diesen Aspekt des allgemeinen Wohlbefindens nicht zwingend. Vielmehr geht es darum, mit verschiedenen Mitteln auf schwierige Situationen zu reagieren, wobei außer Acht gelassen wird, ob sich dies psychisch und physisch positiv auswirkt.

WELCHES SIND DIE HAUPTMECHANISMEN DES RESILIENZPROZESSES?

Experten auf dem Feld der Resilienz haben verschiedene Mechanismen festgestellt, die Personen dabei helfen, schwierige Zeiten hinter sich zu lassen:

- Selbstschutz
- Ausgeglichenheit angesichts Spannungen
- Kampfwille: sich nicht unterkriegen lassen, dem Leid die Stirn bieten
- Neustart: beschließen, nicht mehr unter einer schmerzhaften Vergangenheit zu leiden, sondern sein Leben selbst in die Hand zu nehmen
- Bewertung: sich dem Trauma bewusst werden
- Sinnstiftung: der Herausforderung einen Sinn geben
- Positivität
- Kreativität: die Perspektive ändern, etwas Neues und Stärkeres aufbauen

Bestimmte Hilfsmittel unterstützen diese Mechanismen, beispielsweise Humor, ein Resilienzfaktor, der besonders stark bei Leuten entwickelt ist, die Schwierigkeiten gegenüber resistent sind. Die Fähigkeit, seinem Trauma mit einer gewissen Selbstironie gegenüberzutreten, zeigt, dass man sich mit der Situation auseinandergesetzt hat und sich weder in seinem Leid baden noch von anderen als Opfer angesehen werden will.

Manche Menschen verdrängen Ihr Trauma, weil sie glauben, dass sie, wenn sie stark wirken, von ihrem Umfeld nicht bemitleidet werden und sich so auch ihr Trauma auflösen wird. Verleugnung ist allerdings kein richtiger Resilienzmechanismus, da das Erlebnis damit verdrängt und nicht in all seinen Facetten verstanden wird, wodurch daraus auch nicht gelernt werden kann. Verleugnung führt zu innerer Verletzlichkeit, die die Gesamtheit des Resilienzprozesses gefährdet.

WIE KANN ICH MEIN UMFELD UM HILFE BITTEN, OHNE DASS ICH IHM ZUR LAST FALLE?

Das soziale Umfeld – Familie, Freunde, Bekannte – spielt eine essentielle Rolle. Mit ihm kann man über sein Leid sprechen, es aus unterschiedlichen Blickwinkeln wahrnehmen und es dadurch besser verarbeiten. Aber es ist auch wichtig, dass die Menschen, mit denen man über dieses Thema redet, sich damit wohlfühlen. Sie sollten nicht das Gefühl haben, dass Ihre Situation ein sensibles Thema ist und sie Sie nur noch mit Fingerspitzen anfassen dürfen. Vielmehr sollten sie frei und konstruktiv darüber sprechen können. Bevor Sie sich wirklich auf die Hilfe anderer stützen können, sollten Sie im Geiste Ihr Leid objektiver und weniger emotional betrachten.

IST RESILIENZ ANGEBOREN ODER KANN MAN ES LERNEN?

Theoretisch kann jeder Resilienz entwickeln, wenn man davon ausgeht, dass jeder über Fähigkeiten verfügt, durch die er Leiden überstehen und weitermachen kann, ohne sich für jede andere Form von Glück zu verschließen. Resilienz ist dabei niemals endgültig gelernt, sondern vielmehr ein Prozess, den man im Laufe seines Lebens weiterentwickelt.

Es gibt zwei Möglichkeiten, wie man auf Leid reagieren kann. Man kann sich entweder geschlagen geben oder kämpfen. Diese Entscheidung hängt von der jeweiligen Person ab: Einige setzten sofort Resilienzmechanismen in Bewegung, um nicht länger in der Opferrolle zu sein, während sich andere ihrer Fähigkeiten nicht bewusst sind und andere Alternativen wählen, beispielsweise Verleugnung, wobei das Risiko hoch ist, dass sie ihr Leid dann in verschiedenen Formen weiter mit sich herumtragen.

KANN ICH MEIN LEIDEN KOMPLETT HEILEN?

Resilienz ist kein Wundermittel, mit dem wir das Leid, das uns widerfahren ist, einfach vergessen können. Das Ziel ist vielmehr, nach schwierigen Situationen sein Leben wieder in die Hand zu nehmen. Leid wird also oft bewältigt und in etwas Neues umgewandelt, aber es wird niemals verschwinden. Dabei stellt es allerdings nicht länger ein Hindernis für die Persönlichkeitsentwicklung oder ein glückliches Leben dar, da es zu einer Stärke geworden ist.

HAT EINE RESILIENTE PERSON BESSERE BERUFLICHE CHANCEN?

Beruflicher Erfolg hängt nicht von der Resilienzfähigkeit einer Person ab. Trotzdem kann es nur Vorteile bringen, bei der Arbeit seine Resilienz einzusetzen. Es wird dabei nämlich ein positiver Kreislauf in Bewegung gesetzt, der dabei helfen kann, sein Problemmanagement und seine Wahrnehmung von Gelegenheiten zu verbessern, sowie eine Stütze für das Team zu werden.

Resiliente Menschen verbreiten häufig gesunde und positive Energie. Sie können eher mit kurzzeitigem Druck ebenso wie mit längeren stressigen Perioden umgehen, ohne alles auf andere abzuwälzen oder sich selbst alles aufzubürden. Außerdem finden diese Menschen leichter neue Ideen und nehmen Situationen aus einem neuen Blickwinkel wahr: Sie schlagen bei Problemen oft innovativere und angepasstere Vorgehensweisen vor.

Resilienz ermöglicht vor allem positiv zu denken und zuversichtlich in die Zukunft zu blicken, wodurch man mögliche berufliche Herausforderungen flexibler angeht und sich nicht von unerwarteten Ereignissen aus der Bahn bringen lässt.

JETZT SIND SIE GEFRAGT!

Stefan Vanistendael und Jacques Lecomte haben im Jahr 2000 in ihrem Werk Le bonheur est toujours possible („Glück ist immer möglich") die Komponenten von Resilienz in einem Modell zusammengefasst, das sie casita („Häuschen") nennen. Dieses Modell veranschaulicht alle Elemente vom Start des Resilienzprozesses und ihre Bedeutung. Es kann damit den Grundstein Ihres eigenen Resilienzprozesses legen, da es Ihnen zeigt, welche Fähigkeiten Sie schon haben, welche Ihnen fehlen, und welche noch nicht ausgeprägt genug für eine effektive Entwicklung sind.

Auch wenn die casita natürlich an Ihre individuelle Situation angepasst werden muss, betonen die beiden Autoren die Symbolträchtigkeit ihrer Form, denn Haus und Heim geben uns das Gefühl von Sicherheit und Geborgenheit. Die Räume sind dabei miteinander verbunden und ermöglichen so entweder Kommunikation oder nicht: Damit veranschaulichen sie die verschiedenen Aspekte und Faktoren der jeweiligen Situation und zeigen, dass Resilienz auf den interagierenden Faktoren basiert. Jetzt ist es an ihnen, herauszufinden, welche es sind.

Die *casita*

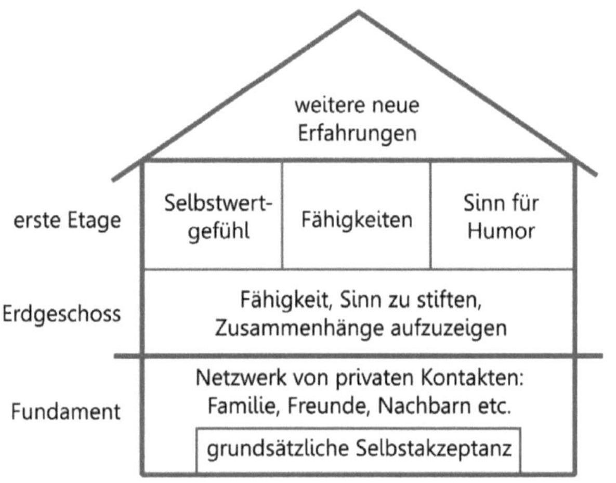

Ihre Meinung ist uns wichtig!
Hinterlassen Sie doch einen Kommentar auf der
Seite unserer Online-Buchhandlung
und teilen Sie Ihre Favoriten in den sozialen
Netzwerken!

DARÜBER HINAUS

LITERATURVERZEICHNIS

- Brissiaud, Pierre Yves: *Surmonter ses blessures. De la maltraitance à la résilience.* Jouvence: Thonex 2001.

- Brissiaud, Pierre Yves: *La face chachée de la résilience. Guérir vraiment ses blessures intérieures.* Jouvence: Thonex 2001.

- Cyrulnik, Boris: *Les nourritures affectives.* Odile Jacob: Paris 1993.

- Cyrulnik, Boris: *Un merveilleux malheur.* Odile Jacob: Paris 2002.

- Cyrulnik, Boris: *La résilience ou comment renaître de sa souffrance?.* Odile Jacob: Paris 2009.

- Cyrulnik, Boris: *Résilience. Connaissances de base.* Odile Jacob: Paris 2012.

- Peters, Sophie: „La résilience au travail… c'est possible!" (27.11.2013). In: *La Tribune.* https://www.latribune.fr/blogs/mieux-dans-mon-job/20131127trib000798064/la-resilience-au-tra-vail-c-est-possible-.html (06.02.2019).

- Peters, Sophie: „La résilience au travail" (05.04.2014). In: *Le Monde.* https://www.lemonde.fr/emploi/article/2014/08/05/la-resilience-au-tra-vail_4439006_1698637.html (06.02.2019).

- Vanistendael, Stefan; Lecomte, Jacques: *Le bonheur est toujours possible. Construire la résilience.* Bayard: Paris 2000.

WEITERFÜHRENDE LITERATUR

- Cyrulnik, Boris: *Die Kraft, die im Unglück liegt.* Goldmann: München 2001.

- Cyrulnik, Boris: *Warum die Liebe Wunden heilt.* Aus dem Französischen von Christiane Landgrebe. Beltz: Weinheim/Basel 2006.

MEHR AUF 50MINUTEN.DE

- Charlier, Maïlys: *Emotionale Intelligenz fördern. Methoden, mit denen Sie Ihren EQ boosten.* Aus dem Französischen von Leonie Kremer. Plurilingua Publishing: Brüssel 2019.